THE SECRET LIFE OF SUNFLOWERS

MARTA MOLNAR

ISBN: 978-1-940627-56-4

FIVE YEARS OF PARENTING

ONE LINE A WEEK

How To Use This Book

Start anytime.
Fill in the year.
Take a minute a week.
Write a line or two.
The best part of your week
...or the worst
A funny moment or quote.
Anything you want.
Skip a week?
No Problem.
Write the date if you wish.
In five years,
look back and remember
all of the little things.

JANUARY
WEEK 1

2 0   :
_____
_____
_____

2 0   :
_____
_____
_____

2 0   :
_____
_____
_____

2 0   :
_____
_____
_____

2 0   :
_____
_____
_____

JANUARY
WEEK 2

20   :
_____
_____
_____

20   :
_____
_____
_____

20   :
_____
_____
_____

20   :
_____
_____
_____

20   :
_____
_____
_____

JANUARY
WEEK 3

20 :
_____
_____
_____

20 :
_____
_____
_____

20 :
_____
_____
_____

20 :
_____
_____
_____

20 :
_____
_____
_____

FEBRUARY
WEEK 2

20 :

_____

_____

_____

20 :

_____

_____

_____

20 :

_____

_____

_____

20 :

_____

_____

_____

20 :

_____

_____

_____

FEBRUARY
WEEK 3

2 0   :

_____

_____

_____

2 0   :

_____

_____

_____

2 0   :

_____

_____

_____

2 0   :

_____

_____

_____

2 0   :

_____

_____

_____

FEBRUARY
WEEK 4

20   :
_____
_____
_____

20   :
_____
_____
_____

20   :
_____
_____
_____

20   :
_____
_____
_____

20   :
_____
_____
_____

MARCH
WEEK 1

20 ___ : _____

_____

_____

20 ___ : _____

_____

_____

20 ___ : _____

_____

_____

20 ___ : _____

_____

_____

20 ___ : _____

_____

_____

MARCH
WEEK 2

20 _____ **:** _____

_____

_____

_____

20 _____ **:** _____

_____

_____

_____

20 _____ **:** _____

_____

_____

_____

20 _____ **:** _____

_____

_____

_____

20 _____ **:** _____

_____

_____

_____

MARCH
WEEK 3

2 0   : _____

_____

_____

2 0   : _____

_____

_____

2 0   : _____

_____

_____

2 0   : _____

_____

_____

2 0   : _____

_____

_____

MARCH
WEEK 4

20   :

_____

_____

_____

20   :

_____

_____

_____

20   :

_____

_____

_____

20   :

_____

_____

_____

20   :

_____

_____

_____

APRIL
WEEK 1

20   :

20   :

20   :

20   :

20   :

APRIL
WEEK 2

20 :

_____

_____

_____

20 :

_____

_____

_____

20 :

_____

_____

_____

20 :

_____

_____

_____

20 :

_____

_____

_____

APRIL
WEEK 3

20   :
_____
_____
_____

20   :
_____
_____
_____

20   :
_____
_____
_____

20   :
_____
_____
_____

20   :
_____
_____
_____

APRIL
WEEK 4

20   :
_____
_____
_____

20   :
_____
_____
_____

20   :
_____
_____
_____

20   :
_____
_____
_____

20   :
_____
_____
_____

MAY
WEEK 1

20   :

_____

_____

_____

20   :

_____

_____

_____

20   :

_____

_____

_____

20   :

_____

_____

_____

20   :

_____

_____

_____

MAY
WEEK 2

20   :

20   :

20   :

20   :

20   :

MAY
WEEK 3

20   :
_____
_____
_____

20   :
_____
_____
_____

20   :
_____
_____
_____

20   :
_____
_____
_____

20   :
_____
_____
_____

MAY
WEEK 4

20   :

_____

_____

_____

20   :

_____

_____

_____

20   :

_____

_____

_____

20   :

_____

_____

_____

20   :

_____

_____

_____

JUNE
WEEK 1

20   :

_____

_____

_____

20   :

_____

_____

_____

20   :

_____

_____

_____

20   :

_____

_____

_____

20   :

_____

_____

_____

JUNE
WEEK 2

2 0   :

_____

_____

_____

2 0   :

_____

_____

_____

2 0   :

_____

_____

_____

2 0   :

_____

_____

_____

2 0   :

_____

_____

_____

JUNE
WEEK 3

20____ : _____
_____
_____

20____ : _____
_____
_____

20____ : _____
_____
_____

20____ : _____
_____
_____

20____ : _____
_____
_____

JUNE
WEEK 4

20   :
_____
_____
_____

20   :
_____
_____
_____

20   :
_____
_____
_____

20   :
_____
_____
_____

20   :
_____
_____
_____

JULY
WEEK 1

20   :

20   :

20   :

20   :

20   :

2 0 ___ : _____

_____

_____

_____

2 0 ___ : _____

_____

_____

_____

2 0 ___ : _____

_____

_____

_____

2 0 ___ : _____

_____

_____

_____

2 0 ___ : _____

_____

_____

_____

JULY
WEEK 3

20   :

20   :

20   :

20   :

20   :

JULY
WEEK 4

20   :

_____

_____

_____

20   :

_____

_____

_____

20   :

_____

_____

_____

20   :

_____

_____

_____

20   :

_____

_____

_____

AUGUST
WEEK 1

20   :

_____

_____

_____

20   :

_____

_____

_____

20   :

_____

_____

_____

20   :

_____

_____

_____

20   :

_____

_____

_____

AUGUST
WEEK 2

20___ : _____
_____
_____
_____

20___ : _____
_____
_____
_____

20___ : _____
_____
_____
_____

20___ : _____
_____
_____
_____

20___ : _____
_____
_____
_____

AUGUST
WEEK 3

20   :

_____

_____

_____

20   :

_____

_____

_____

20   :

_____

_____

_____

20   :

_____

_____

_____

20   :

_____

_____

_____

AUGUST
WEEK 4

20   :

_____

_____

_____

20   :

_____

_____

_____

20   :

_____

_____

_____

20   :

_____

_____

_____

20   :

_____

_____

_____

SEPTEMBER
WEEK 1

20   :

20   :

20   :

20   :

20   :

SEPTEMBER
WEEK 2

20   :

20   :

20   :

20   :

20   :

SEPTEMBER
WEEK 3

20   :

_____

_____

_____

20   :

_____

_____

_____

20   :

_____

_____

_____

20   :

_____

_____

_____

20   :

_____

_____

_____

SEPTEMBER
WEEK 4

20   :

_____

_____

_____

20   :

_____

_____

_____

20   :

_____

_____

_____

20   :

_____

_____

_____

20   :

_____

_____

_____

OCTOBER
WEEK 1

20   :
_____

_____

_____

20   :
_____

_____

_____

20   :
_____

_____

_____

20   :
_____

_____

_____

20   :
_____

_____

_____

OCTOBER
WEEK 2

20   :

_____

_____

_____

20   :

_____

_____

_____

20   :

_____

_____

_____

20   :

_____

_____

_____

20   :

_____

_____

_____

OCTOBER
WEEK 3

20   :

_____

_____

_____

20   :

_____

_____

_____

20   :

_____

_____

_____

20   :

_____

_____

_____

20   :

_____

_____

_____

OCTOBER
WEEK 4

20   :

_____

_____

_____

20   :

_____

_____

_____

20   :

_____

_____

_____

20   :

_____

_____

_____

20   :

_____

_____

_____

NOVEMBER
WEEK 1

20 :
_____
_____
_____

20 :
_____
_____
_____

20 :
_____
_____
_____

20 :
_____
_____
_____

20 :
_____
_____
_____

NOVEMBER
WEEK 2

20   :
_____
_____
_____

20   :
_____
_____
_____

20   :
_____
_____
_____

20   :
_____
_____
_____

20   :
_____
_____
_____

NOVEMBER
WEEK 3

20   :

_____

_____

_____

20   :

_____

_____

_____

20   :

_____

_____

_____

20   :

_____

_____

_____

20   :

_____

_____

_____

NOVEMBER
WEEK 4

20 _____ : _____
_____
_____
_____

20 _____ : _____
_____
_____
_____

20 _____ : _____
_____
_____
_____

20 _____ : _____
_____
_____
_____

20 _____ : _____
_____
_____
_____

DECEMBER
WEEK 1

20 :
_____
_____
_____

20 :
_____
_____
_____

20 :
_____
_____
_____

20 :
_____
_____
_____

20 :
_____
_____
_____

DECEMBER
WEEK 2

20 :
_____
_____
_____

20 :
_____
_____
_____

20 :
_____
_____
_____

20 :
_____
_____
_____

20 :
_____
_____
_____

DECEMBER
WEEK 3

20   :

_____

20   :

_____

20   :

_____

20   :

_____

20   :

_____

DECEMBER
WEEK 4

20   :

_____

_____

_____

20   :

_____

_____

_____

20   :

_____

_____

_____

20   :

_____

_____

_____

20   :

_____

_____

_____

48682836R00033